ハナミズキ		花の折り紙	18
風風（ふうふう）		花の折り紙	19
香鈴（かりん）		ユニットの折り紙	20
バラの箱		箱の折り紙	21
ちょこチョコの箱		箱の折り紙	22
かんたんリース		ユニットの折り紙	23
サンタボックス		箱の折り紙	24
うさぎボックス		箱の折り紙	25
ハートのペーパーバッグ		バッグの折り紙	26-27
ぷくぷく		くす玉の折り紙	28-29
コスモ1号と3号		吹きゴマの折り紙	30
コスモ2号		吹きゴマの折り紙	31
茶団子		少しむずかしい折り紙	32
折り方の記号			33

<著者プロフィール>

松井佳容子（まつい かよこ）

徳島県出身、折り紙研究家、イギリス折紙協会会員、日本折紙協会京都支部・支部長ほか、京都府下日本折紙協会9支部の顧問を務める。立体的な折り紙を得意とする。著作『松井佳容子折り紙作品集』（紫陽花倶楽部編、2014年）

かんたん折り紙
富士山と新幹線

◆推奨用紙：15cm×15cm、1枚

海外の方にとって日本といえば、「富士山」と「新幹線」ですね。この二つを一枚で、しかも、のぼりとくだりを折り分けることができる、おもしろい作品です。

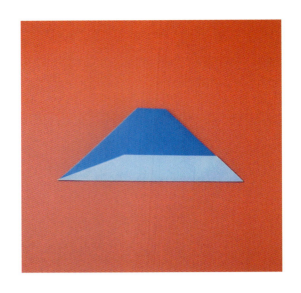

①折り筋をつける
②折りあげる
③角と角を合わせるように折りあげる
④折りあげる
⑤角を向こうに折る
⑥京都行きの**できあがり！**
⑦図②から左右反対に折り進めば東京行きができあがる

窓など描いてみてください。

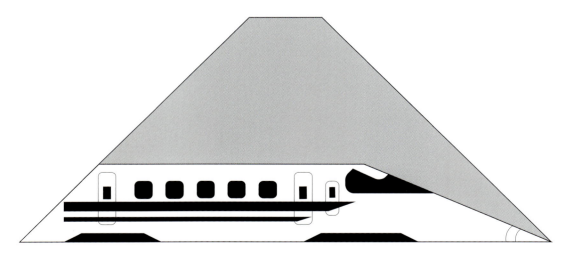

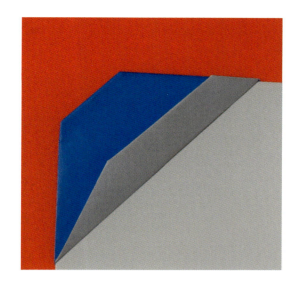

コーナークリップの折り紙
富士山と新幹線

◆推奨用紙：7.5cm×7.5cm、1枚

前ページの「富士山と新幹線」は、折り方を変えるとすてきなコーナークリップになります。

①折り筋をつける　②裏返す

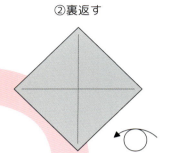

⑥中心○をへこませながら途中まで折りたたむ　⑤折り筋をつける　④折る　③折り筋をつける

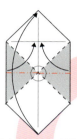  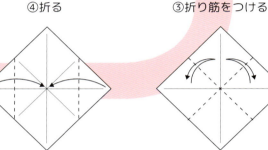

⑦上の角を中に巻き込むように折りたたむ　⑧途中の図　⑨裏返す　⑩折り筋をつける

 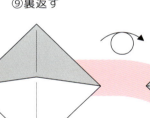

⑭ポケット状の「富士山と新幹線のコーナークリップ」のできあがり！　⑬折り筋で折り上げる　⑫角を合わせるように折り上げる　⑪折り筋に合わせて折りあげる

 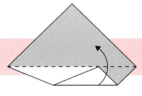 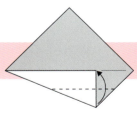 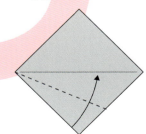

<使い方>

⑮書類の角をポケットに差し込む　⑯角を向こう折る　⑰できあがり！

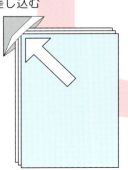 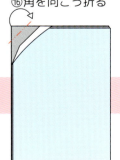 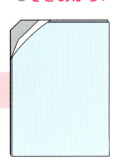

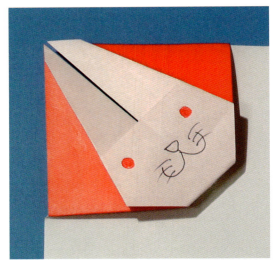

コーナークリップの折り紙
うさぎ

◆推奨用紙：7.5cm×7.5cm、1枚

かわいいうさぎのコーナークリップです。
工程⑦の折り具合で耳の形がきまります。
できあがったら、顔を描いてたのしんでください。

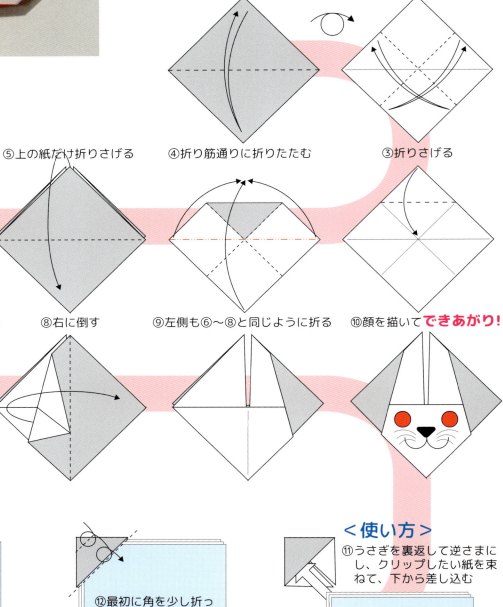

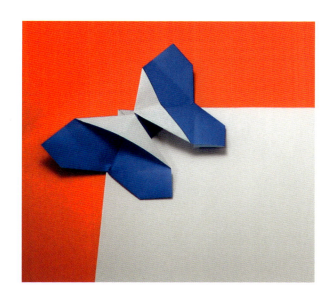

コーナークリップの折り紙
蝶

◆推奨用紙：7.5cm×7.5cm、1枚

図⑫の折り具合で、羽の形が変わります。
いろいろな角度で折ってみてください。

①折り筋をつける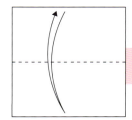

②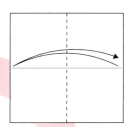

③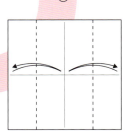

④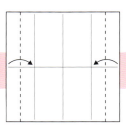

⑤ 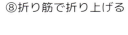... (figure ⑤)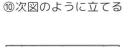

⑥左半分をひろげる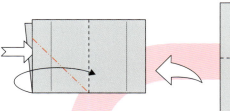

⑦反対側も同じように折る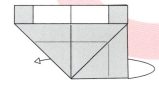

⑧折り筋で折り上げる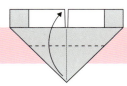

⑨いったん、図⑤までひろげる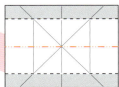

⑩次図のように立てる

⑪両角を合わせるように、立体に折る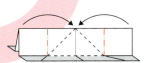

⑫途中の図。これから平面にたたむ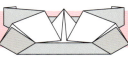

⑬上の紙を線のように折り下げると、下の紙もずれるように折り下がる

⑭裏返す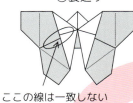
ここの線は一致しない

⑮段折りして裏返す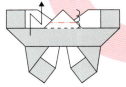

⑯できあがり！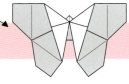

＜使い方＞

⑰使うときは⑮図の状態で、下の隙間から紙の角を差込み、段折りして固定する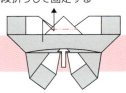

⑱できあがり
⑲とめ方はいろいろ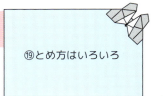

コーナークリップの折り紙
折り鶴

◆推奨用紙：15cm×15cm、1枚

折り紙といえば、やはり「折り鶴」。
少し分厚い仕上がりになりますが、がんばって折ってみてください。

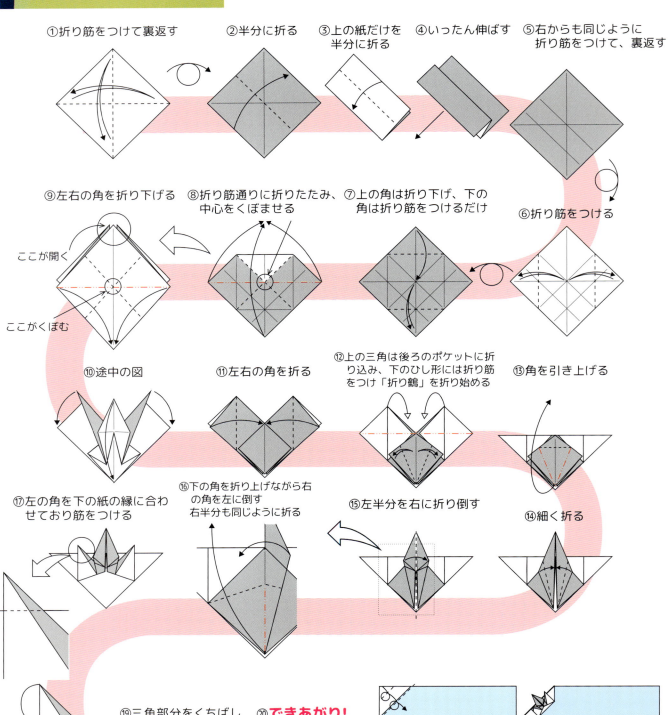

回して遊ぶ折り紙
くうるりん

◆推奨用紙：15cm×15cm、1枚を16等分

ヘリコプターの羽のように、くるくる回って落下するおもしろい作品です。紙の質や折る筋によっていろんな回り方をしますので、折り方を変えて楽しんでください。

① 16等分の幅で切る
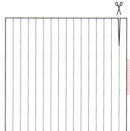

② 角と角を合わせて折る
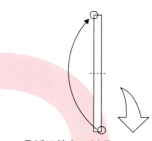

⑥ 下の端の中心に小さな折り筋をつける
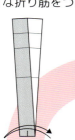

⑤ 折り筋をつける（紙を裏返して向こう側も同じように折る）
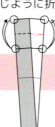

④ 同じように折り筋をつける
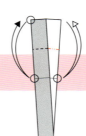

③ 折り筋をつける（紙を裏返して向こう側も同じように折る）
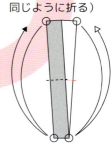

⑦ 細く三角に折る

⑧ 裏返す
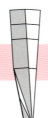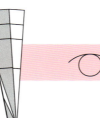

⑨ 図⑦と同じように、細く三角に折る
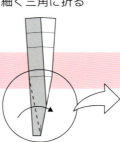

⑩ 三角部分を、下の紙もいっしょに巻きつける
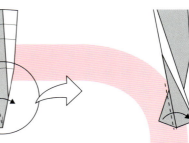

⑭ 裏も表も同じデザインに巻き上がる

⑬ 同じ要領で巻く

⑫ 三角部分を、下の紙もいっしょに巻きつける
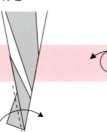

⑪ 裏返す

⑮ 折り筋で先端を前後に広げる
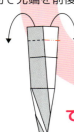

できあがり！

⑯ この形で、つまんでそっと落としてみよう

⑰ ここまで広げてみよう！

⑱ 先を上に向けて投げてみよう！
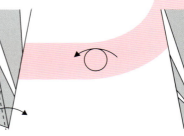

箱の折り紙
にゃんこばこ

◆推奨用紙：Ａ４コピー用紙、１枚

おかたづけもたのしい、ネコの箱です。
最後に紙が破れないように、⑱は最初はそっと開いてみてください。

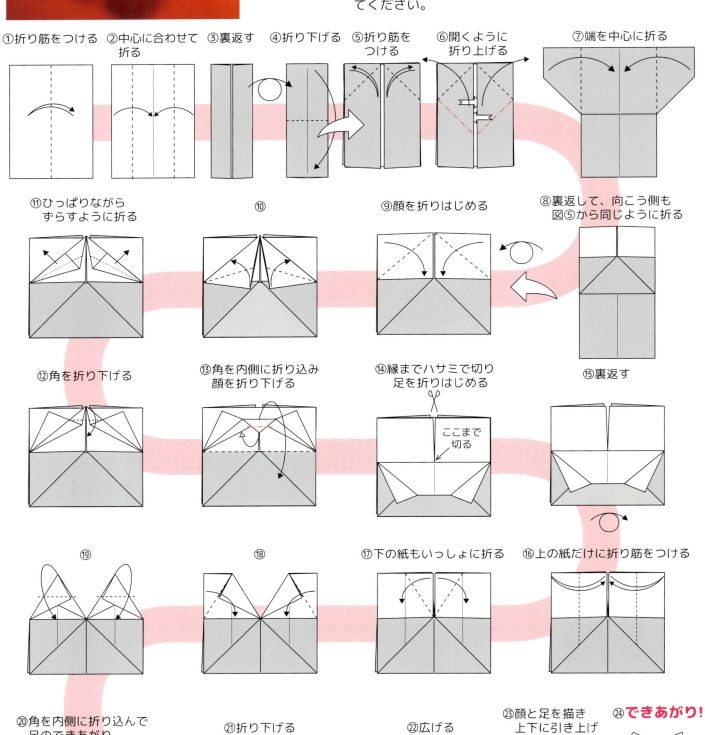

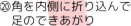
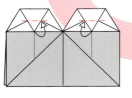
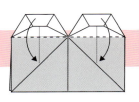
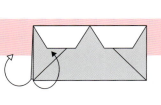

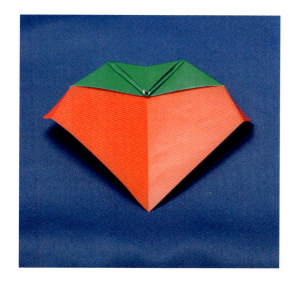

飛行機の折り紙
いちごジェット

◆推奨用紙：7.5cm×7.5cm、2枚

飛ばし方になれると、おもしろいように飛んでいく、飛行機です。図の⑤でいちごのつぶつぶを描いておくとよいでしょう。

①折り筋をつける　②裏返す

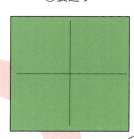

⑥角を下図のように1mmほどすきまをあけて三角に折る　⑤折り下げる　④もう1枚の紙を乗せて折りたたむ　③折り筋をつける

⑩全体にもう一度折り筋を強くつけて裏返す

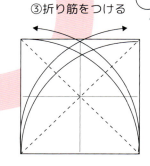

⑦ここに1mmほどのすきまをあけておく　⑧いったん折り筋をつける　⑨ポケットの中に差し込む。左側も同じように差し込む

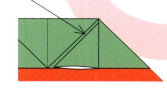 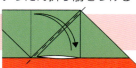 

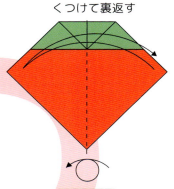

⑬角度をこの程度にひろげて **できあがり！**　⑫元に戻すようにひろげて裏返す

⑪ここが直角になるように端を三角に折る

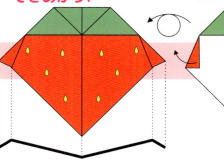

＜飛ばし方＞
三本の指で、軽く、深くつまんで、手首にスナップをきかせて飛ばす

織り紙
四つ葉のクローバー

◆推奨用紙：1:32の帯状の紙、1枚

折るパターンが繰り返されますので、できれば紙を回転させずに、折り図とにらめっこしながら、間違えないように折ってください。

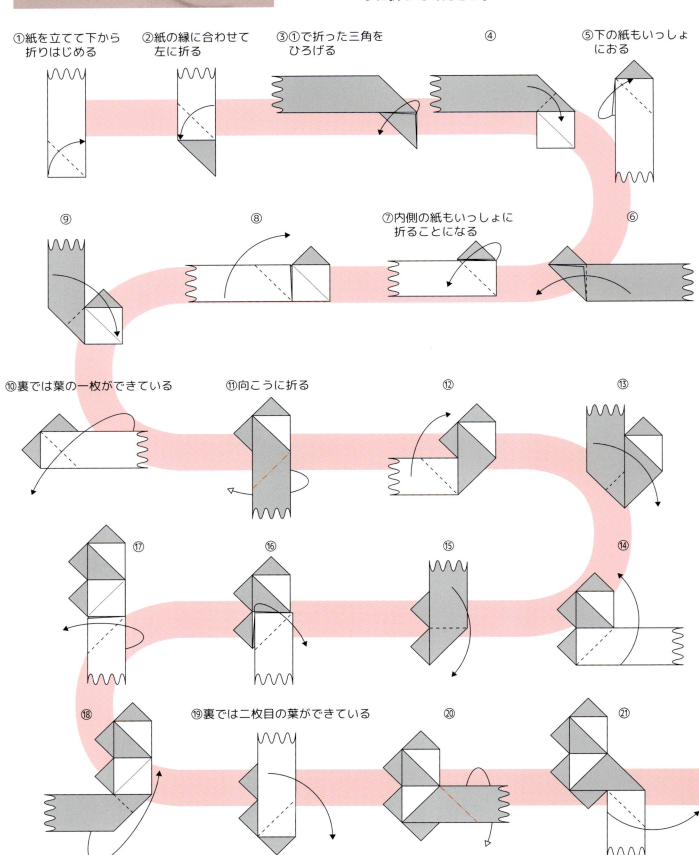

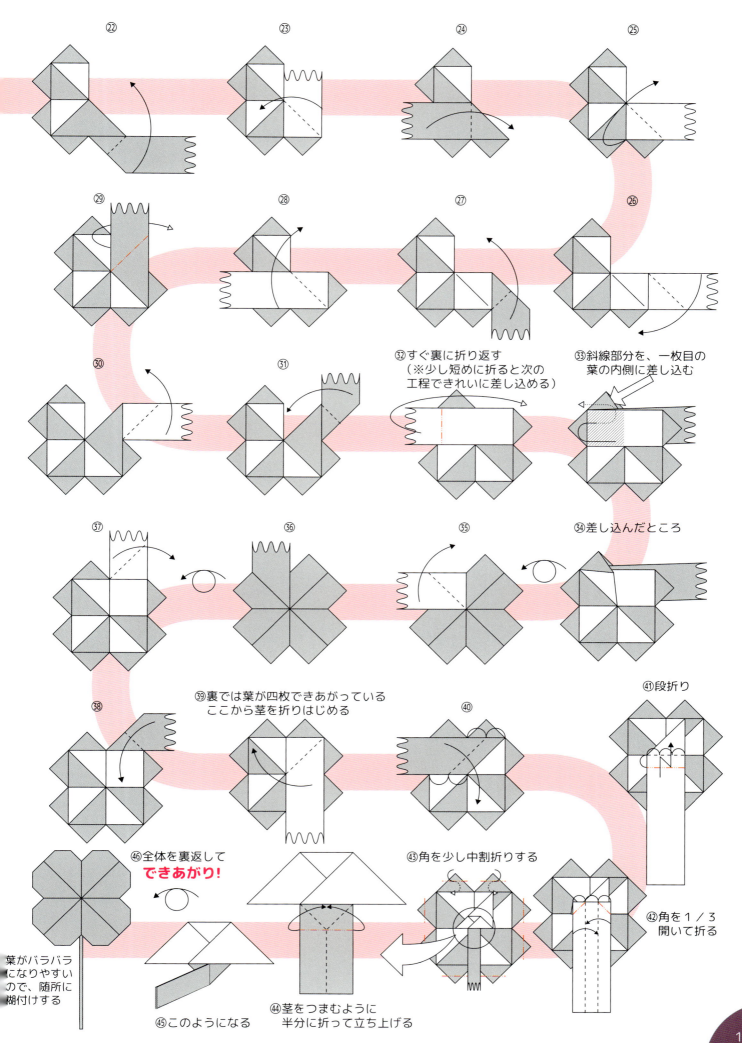

ユニットの折り紙
グリーンボール

◆推奨用紙：7.5cm×7.5cm、60枚

7.5cmの紙から正三角形を60枚も切り出すのはたいへんですが、組みあがった穴にいろんなものをのせてお楽しみください。

①折り筋をつける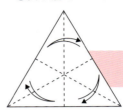

②折り筋をつける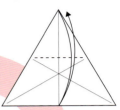

⑥3つ目は、左上の上下の紙を入れ替える

⑤あと2つも同じように折る

④つけた折り筋で段折り

③折り筋をつける

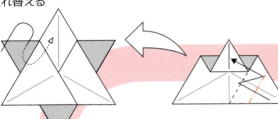
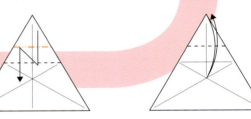

⑦裏返す

⑧角を中心に折る

⑨山谷の折りぐせをつけて中心を次図のように隆起させる

⑩横から見た図

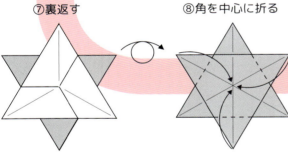
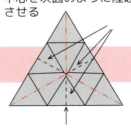
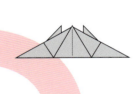

⑭五角形に組んだところ

⑬差し込んだところ

⑫角をポケットに差し込む
○の部分に糊をつける

⑪ユニットのできあがり

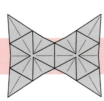
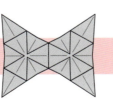
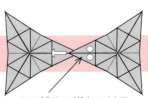

＜組み方の法則＞

⑮六角形に組んだところ

六角形の回りは五角形と六角形でひとつおきに囲まれる形になる

五角形の回りは全部六角形で囲まれる形になる

○がひとつのユニット

川崎敏和先生：作「バラ」をのせてみました

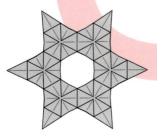
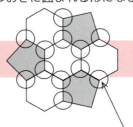

できあがり！

正三角形の折り出し方

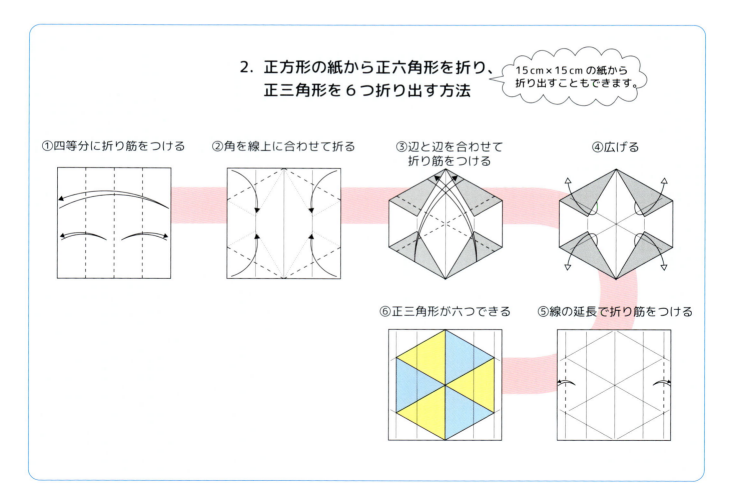

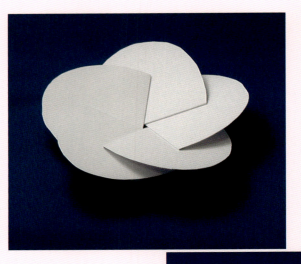

花紋折り紙
「梅」平面

◆推奨用紙：A4タント紙、1枚

適当に縮小コピーなどして、花びらの輪郭を切り取り、赤い線は山に、黒い線は谷に折り筋をつけ、「ねじる」ように折りたたんでみてください。

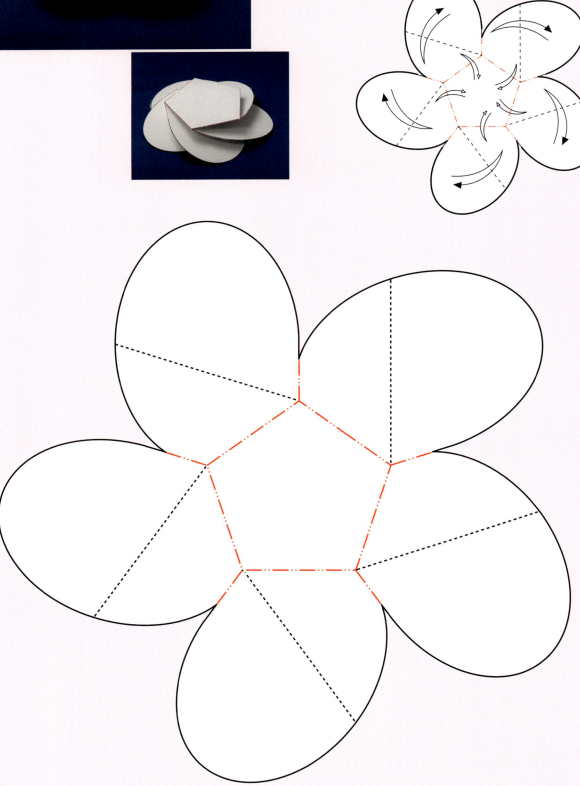

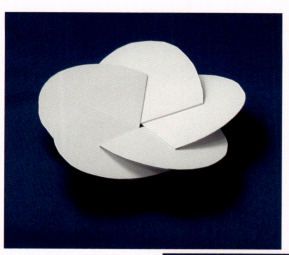

花紋折り紙
「梅」箱

◆推奨用紙：A4タント紙、1枚

この立体も、平面と同じ要領で折ってみてください。
平面より少しむつかしいかもしれませんが、折りあがるときの感触はなんともいえませんよ。

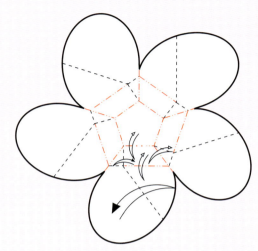
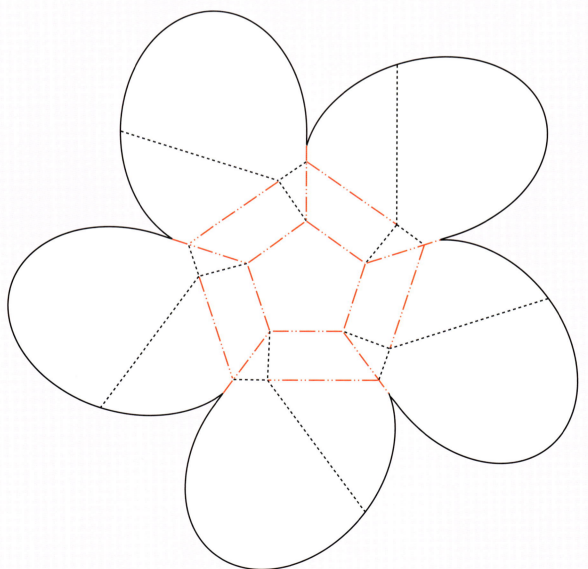

15

正五角形からの折り紙
マンジュリカ（スミレ）

◆推奨用紙：15cm×15cm、1枚

スミレのことをMandshuricaともいいます。
松野幸彦先生の「アサガオ」を参考にして、五弁のスミレを創ってみました。

①折り筋をつける 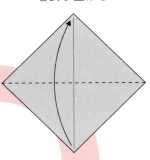 ②折り上げる

⑥三角を元に戻すように折り上げる ⑤角に合わせて折る 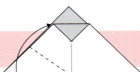 ④折り下げる 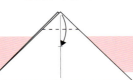 ③小さな印をつける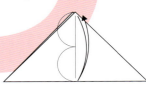

⑦縁に合わせて折る 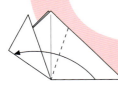 ⑧縁に合わせて折り返す  ⑨裏返す  ⑩縁に合わせて折る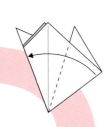

⑭折り筋をつける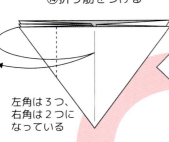
左角は3つ、
右角は2つに
なっている

⑬図のように折り筋をつけなおし、折りたたむ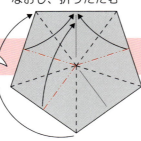

⑫つけた折り筋で上部を切り捨て、広げる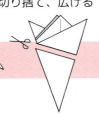

⑪折り筋をつける

⑮右に倒す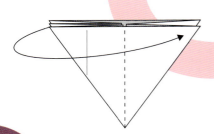

⑯折り筋をつまんで中心線に合わせて折る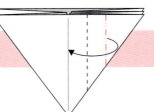

⑰いったん前図まで戻す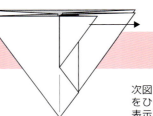

⑱このような折り筋がついている

次図はポケット
をひとつだけ拡大
表示している

⑲次図のように折り筋で角をポケットの中に沈めこむ
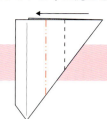

⑳他の4つのポケットも同じように折る
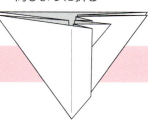

㉑折り筋をつける（図は部分を表示してる）

㉒角を折り下げる
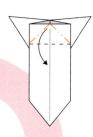

㉖部分を手前に引き出すようにし、紙の縁を谷折りして左に倒す

この折り筋をつけておくと花びらがきれいにひらく

㉕角をひとつずつめくりながら他の4か所も同じように折り筋をつける
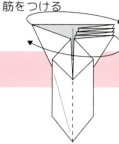

㉔左側を角1つだけにして折り筋をつける

㉓他の4か所も同じように折る
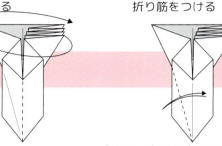

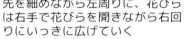

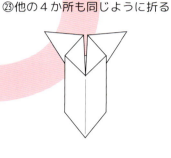

㉗いったん前図まで戻し㉕の要領で他の4か所も同じように折り筋をつける
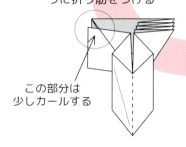

この部分は少しカールする

㉘次図は上から見た図

㉙がくの部分は左手で折り筋通りに先を細めながら左周りに、花びらは右手で花びらを開きながら右回りにいっきに広げていく

㉚花びらを上から見た図

㉛下から見た図 角を少し折る（他も同じように）
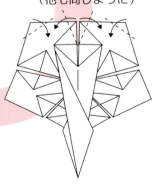

㉜**できあがり！**

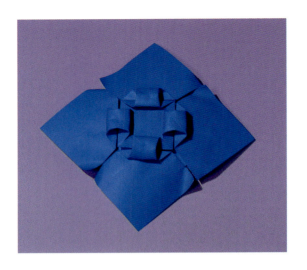

花の折り紙
ハナミズキ

◆推奨用紙：15cm×15cm、1枚

プックリとした花の中心をきれいに折りだすのは少し慣れが必要ですが、グラデーションペーパーなどを使ってすてきに仕上げてください。

①折り筋をつける

②裏返す

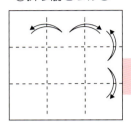
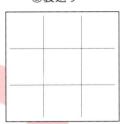

⑥

⑤○印を合わせるように折り筋をつける（他の3か所も同じ）

④折り筋をつける（他の3か所も同じ）

③一枡を4等分する折り筋をつける（他の3か所も同じ）

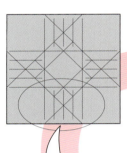
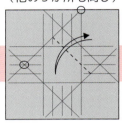
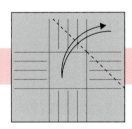
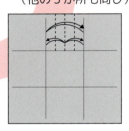

⑦折り筋をつける

⑧折り筋通りに折りたたむ

⑨

⑩このようになる

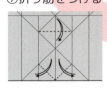
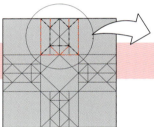
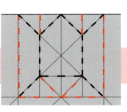

⑭角を三角に折って垂直に立てる

⑬ここは切れている

⑫三角を立てる

⑪裏返す

裏返す

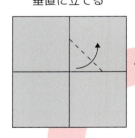
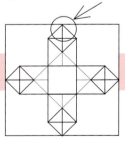
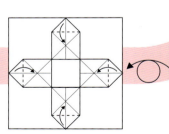
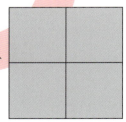

⑮丸みをつけるように広げる

⑯切れ目は次図のように交互にカールさせる

⑰

⑱**できあがり！**

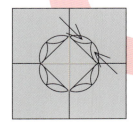

花の折り紙
風風（ふうふう）

◆推奨用紙：7.5cm×7.5cm、6枚

できあがった花を上から吹くとクルクルと回りはじめる。楽しい折り紙です。ユニットを1枚余分に折って少し折りを加えると、飛行機になって飛んでいく、不思議な花です。

①折り筋をつける
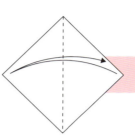

②折り筋をつける
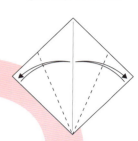

⑥縁にそって山線の折り筋をつけて、裏返す

⑤巻くように折る
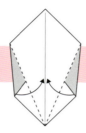

④細く折る
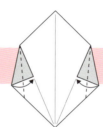

③端を折る
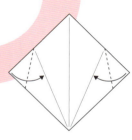

⑦先をつまむように折り上げる
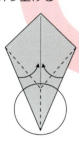

⑧左右に折り筋をつけ、ポケットをひろげやすくする
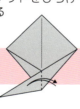

⑨ポケットをひろげてつぶす
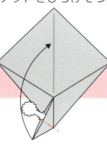

⑩図⑤の形まで広げる

⑪折り筋通りに一気に折る
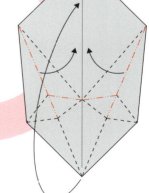

⑭6枚目を組んだところで、最後は中心をくぼませるように組む

⑬ユニットのできあがり！このように組んでいく
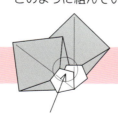

⑫角を内側に折り込む
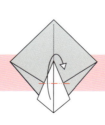

⑮**できあがり！**
花びらの右端を少しカールして、上から吹くとクルクルと回りはじめる
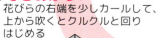
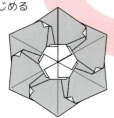

⑯ユニットは、端を少し山に折って図のように角度をつけると…
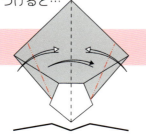

⑰飛行機になって飛ぶ

飛ばし方は9ページの「いちごジェット」と同じ！

飛んでけー！

ユニットの折り紙
香鈴（かりん）

◆推奨用紙：7.5cm×7.5cm、2枚

二枚組の、かわいいくす玉です。千代紙と無地の紙の組み合わせもすてきで、中に小さな鈴をいれてもよいでしょう。

①縦横に4等分の折り筋をつける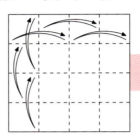

②折り筋をつける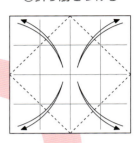

③裏返す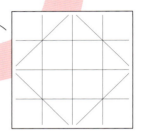

④折り筋をつける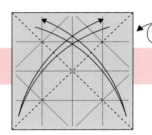

⑤折り筋をつける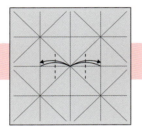

⑥折り筋をつける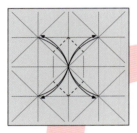

⑦谷線に折り変えて裏返す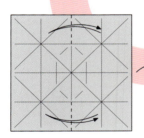

⑧折り筋をつける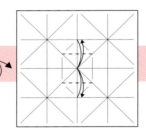

⑨折り筋通りに折りたたむ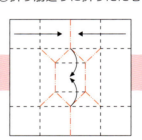

⑩途中の図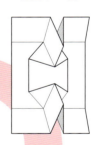

⑪両角を後ろで背中合わせにするように折る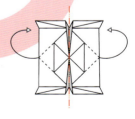

⑫ユニットのできあがり！もう一つ作って向かい合わせる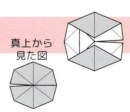

真上から見た図

⑬片方を90°回転させる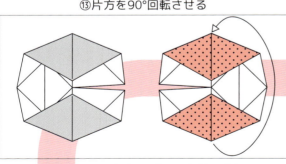

⑭ユニットの切れ目どうしを差し込む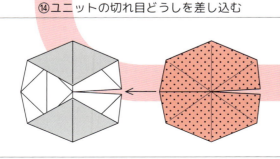

⑮この角は外に出す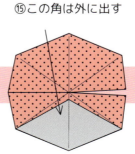

⑯回転させ、ひもをつけて、**できあがり！**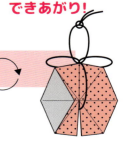

箱の折り紙
バラの箱

◆推奨用紙：タント紙、15cm×15cm、1枚

図⑦からの「壁の倒し方」は、いわゆる「たとう折り」で、少し慣れが必要ですが、しっかりとした折り筋をつけていると、比較的楽に折れます。

①縦横8等分の折り筋をつける

②折り筋をつける

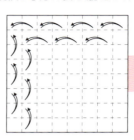
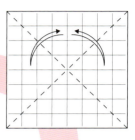

⑥このようになる　　⑤次図のように左巻きに折る　　④中心の4コマが底になるように立ち上げる　　③折り筋をつける

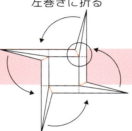
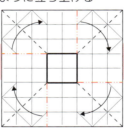
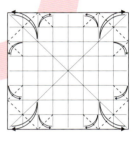

⑦左内側2枚分の壁を少し倒す（外側の壁は立てたままにしておく）　　⑧奥の2枚分の壁を、重ねるように倒す　　⑨右の壁も同じように倒す　　⑩4つの壁を倒し終えたところ

⑭内側の花びらをカールさせて開く　　⑬4つとも倒し終えたところ　　⑫ひとつ倒したところ　　⑪外側の壁を倒しはじめる

⑮外側の花びらもカールさせて、**できあがり！**

21

箱の折り紙
ちょこチョコの箱

◆推奨用紙：15cm×15cm、1枚

市販の小さなチョコは台形になっているので、箱への納まりをよくするために、最初は裏返して包み込んでとにかく「箱」にし、その後表向きに入れなおすとよいでしょう。

①縦横8等分に折り筋をつける
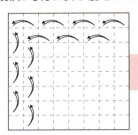

②折り筋をつける
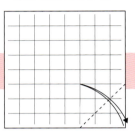

③折り筋をつける
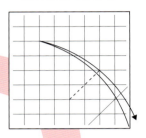

⑦裏返す
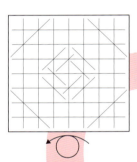

⑥紙を回しながら同じようにに折る

⑤折り筋をつける

④紙を回しながら同じように折る
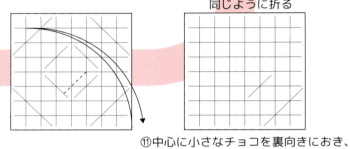

⑧折り筋をつける
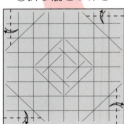

⑨折り筋をつける
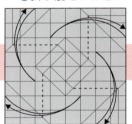

⑩裏返す
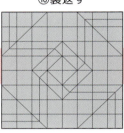

⑪中心に小さなチョコを裏向きにおき、チョコを包み込むように折り筋通りに紙を右に巻きながら折りたたむ
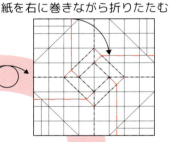

⑮他の角も同じように折る
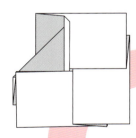

⑭折り筋通りに折って、下の紙の間に差し込む

⑬裏のようす

⑫途中の図　最初はチョコを逆さまにおく

⑯**できあがり!**
チョコを表向きにいれなおしておく
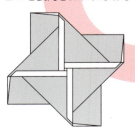

⑰斜め下から見た図
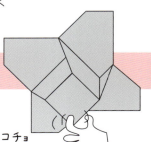

コチョ
コチョ！

⑱図⑭で紙を差し込まずにのせるだけにすると…
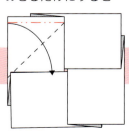

⑲中心だけ白いデザインになる
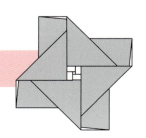

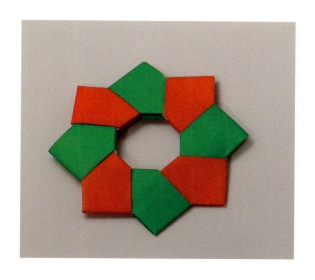

ユニットの折り紙
かんたんリース

◆推奨用紙：15cm×15cm、1枚

とても簡単にできるリースです。いろんな色の紙でたくさん作ってクリスマスをお楽しみください。

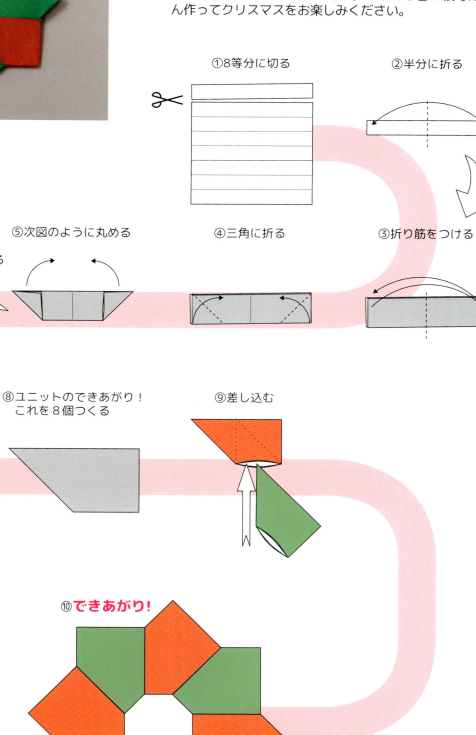

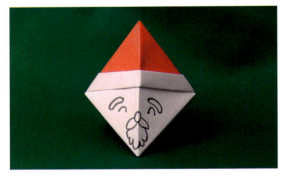

箱の折り紙
サンタボックス

◆推奨用紙：15cm×15cm、3枚

クリスマスにぴったりのサンタさんの小箱です。ビーズやひもなどをつけてかわいらしく仕上げてください。

①帽子を折りはじめる
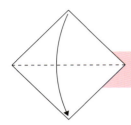

②折り筋をつける
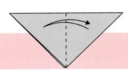

③両角を折り下げる
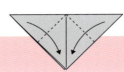

④裏返す
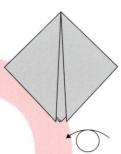

⑧帽子のできあがり
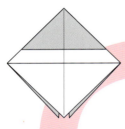

⑦巻くように折り上げる
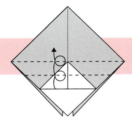

⑥折り上げる
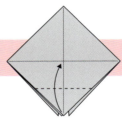

⑤上の紙だけに折り筋をつける
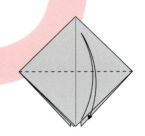

⑨2枚目で顔を折りはじめる
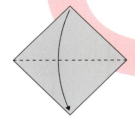

⑩折り筋をつける
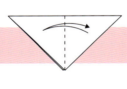

⑪両角を折り下げる
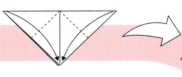

⑫上下に裏返す
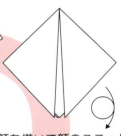

⑯顔を帽子の下に差し込む

⑮3つのユニットを、内側を広げて図のようにならべる
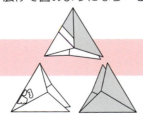

⑭3枚目で⑬と同じものを、赤が表になるように折って頭のユニットのできあがり
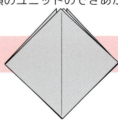

⑬顔を描いて顔のユニットのできあがり

⑰頭の角は帽子の角の隙間に顔の角は頭の隙間に差し込む
（※内側は全面「赤色」になり背面に隙間ができる）

⑱**できあがり！**
横から見た図

⑲前から見た図
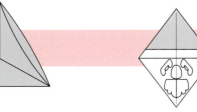

⑳ビーズやひもなどをつけて、かわいらしくしあげる

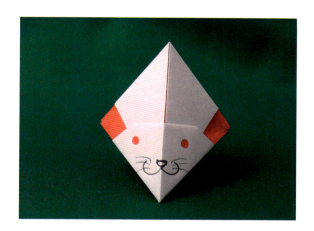

箱の折り紙
うさぎボックス

◆推奨用紙：15cm×15cm、3枚

サンタボックスを応用して、すてきなうさぎの箱をつくってみました。顔をかわいらしく描いてくださいね。

①折り筋をつける　②折り上げる

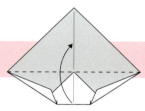 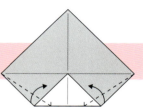 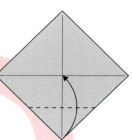

⑥裏返す　⑤折り上げる　④印のところから折る　③印をつける

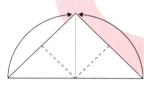 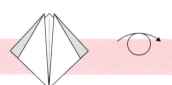  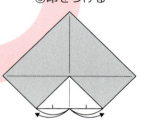

⑦両角を折り上げる　⑧裏返す　⑨内側をひろげる　⑩横から見た図　同じものをあと2つつくる

⑬顔を描いて **できあがり！** 　⑫3つとも同じように差し込む　⑪耳を顔の後ろに差し込む

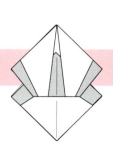 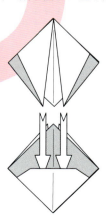

⑭横から見た図

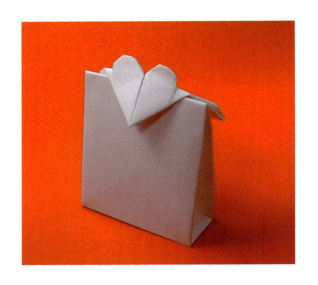

バッグの折り紙
ハートのペーパーバッグ

◆推奨用紙：A4、1枚

ハートのマークが留め金ふうにしあがる、ペーパーバッグです。図⑩の段階で、バッグの表になる面になにかすてきなイラストなど描いてみてはいかがでしょう？

①3等分の折り筋をつける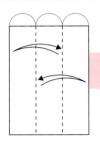

②下から3分の1を折り上げる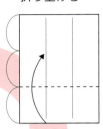

⑥折り筋をつける

⑤下の線で折り上げる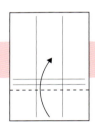

④いったんひろげる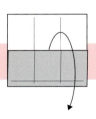

③下から15mmほど折り筋をつける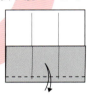

⑦折り下げる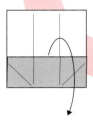

⑧上の線で折り上げる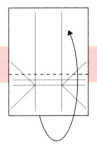

⑨裏返す

⑩折り筋をつける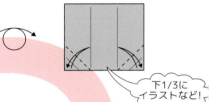

下1/3にイラストなど！

⑭折り筋通りに、箱状に折りたたむ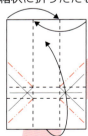

⑬このような折り筋ができている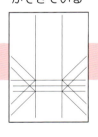

⑫折り下げる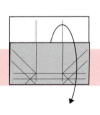

⑪裏返す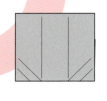

⑮折り筋をつける

紙3枚が重なっている

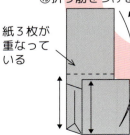

⑯折り下げる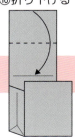

⑰3分の1ほど折り上げる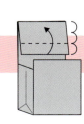

⑱折り上げる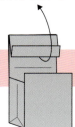

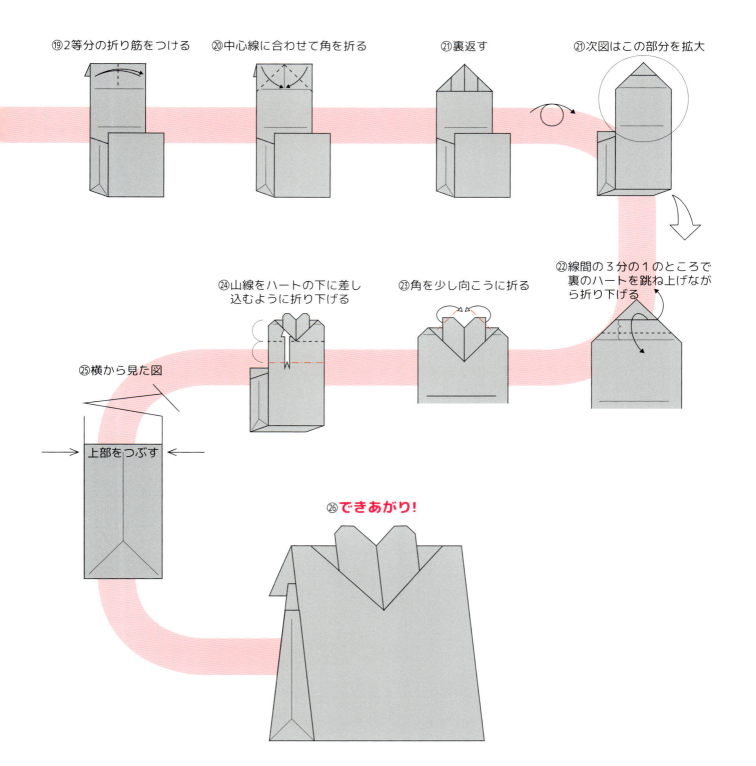

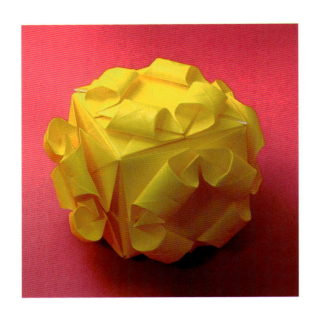

くす玉の折り紙
ぷくぷく

◆推奨用紙：15cm×15cm、6枚

紙の角を「ぷっくり！」とふくらませるのが、むつかしいといえばむつかしいし、楽しいといえば楽しい、ゆかいなくす玉です。

①縦横4等分に折り筋をつけて、裏返す　②折り筋をつける

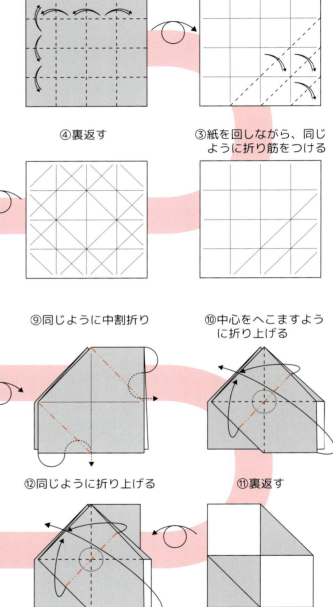

⑤折り筋通り立体に折る（※必要な折り筋のみ表示している）　④裏返す　③紙を回しながら、同じように折り筋をつける

⑥手前の角は左に、向こうの角は右に折る

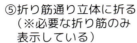

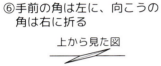

⑦中割り折り　⑧裏返す　⑨同じように中割り折り　⑩中心をへこますように折り上げる

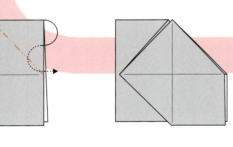

⑭図⑫と同じように折り上げる　⑬縁を左に折り倒す　⑫同じように折り上げる　⑪裏返す

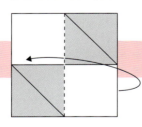
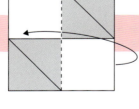
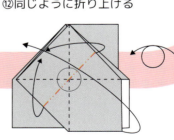

⑱2つ目の山で半分に折り下げる

⑮裏返す　⑯縁を左に折り倒す　⑰図⑭と同じように折り上げる

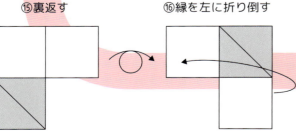

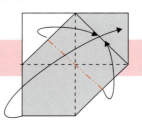

⑲折り筋をつけ、三角を立てる

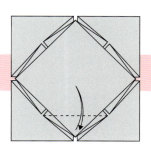

⑳2つのポケットのある三角の山ができる

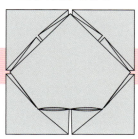

㉑全体を半分に折り寄せ、ポケットを「親指の先」が入る程度に広げる

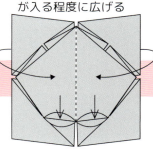

㉒左右のポケットに両手の親指を差し込み、紙全体を元の平面に戻すようにひろげると、きれいな「ふくらみ」ができる
※ひろげきるまで親指を抜かないことがポイント

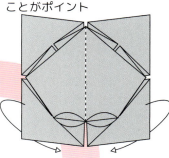

㉕※少し横から見た図
ユニットの完成
これをあと5つ折る

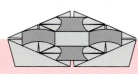

㉔角の三角を4か所とも直角に折り下げる

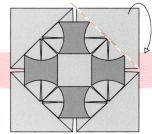

㉓これを3回くりかえす

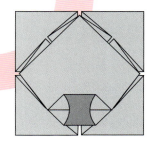

㉖角を隙間に差し込み（どちらが上でもかまわない）、糊付けしながらサイコロ状に組む

㉗**できあがり！**

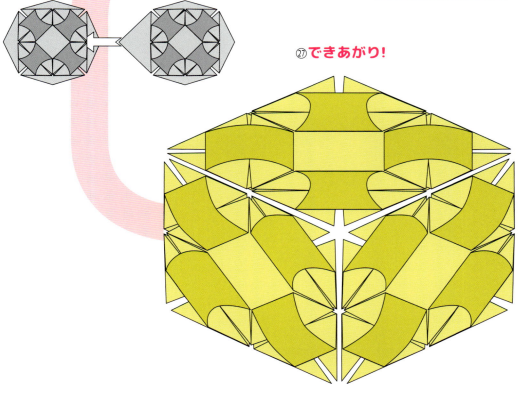

吹きゴマの折り紙
コスモ1号と3号

◆推奨用紙：24cm×24cm、1枚（コスモ1号）
　　　　　7.5cm×7.5cm、3枚（コスモ3号）

1号は1枚折り、3号は三枚組、でも形は同じ！
指に挟んで回してください。

①1：3の長方形の紙を切り取る
　24cmの紙を縦横8等分に折って、
　太線部分を切り取ると5枚できる

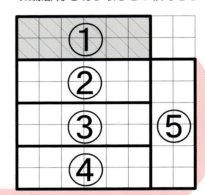

②図のような折り筋をつけ、
　赤い線の部分は山に折っておく

③左上と右下を三角に折る

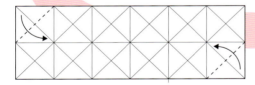

④中心線に合わせて折る

⑤両端を裏へ折る

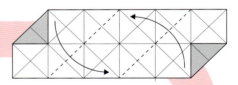

折り筋をつけて少し折りたたむ

⑥半分に折り上げる

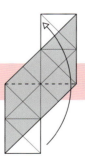

⑦中心を三角錐に隆起させる
　ように全体を膨らませながら、
　左の角を右のポケット
　に差し込む（裏側も同じよ
　うに）

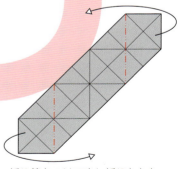

⑧途中の図

⑨「コスモ1号」の**できあがり！**

※コスモ3号は右図のユニット（正方基本形）
　を色違いで3枚交互に組み合わせて**できあがり！**

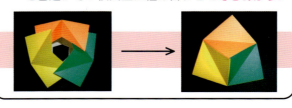

ユニットの作り方

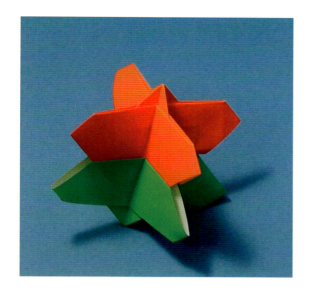

吹きゴマの折り紙
コスモ2号

◆推奨用紙：7.5cm×7.5cm、2枚

コスモ2号は2枚組の吹きゴマです。最後に差し込むところを間違えないようにしてください。

①折り筋をつける　②裏返す

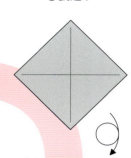

③折り筋をつける

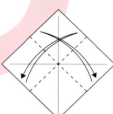

⑥同じように印をつける　⑤上の紙にだけ、中心に小さな印をつけて、裏返す　④折り筋通りに折りたたむ

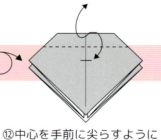

⑦印に向けて折り下げる　⑧裏返す　⑨裏の三角を跳ね上げながら、印に折り下げる　⑩いったん全部広げる

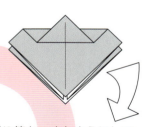

⑭つけた折り筋をすぐ裏に折り返す　⑬折り筋をつける　⑫中心を手前に尖らすように折り筋通りに折りたたむ（便宜的に、山を太線で谷を細線で描いている）　⑪折り筋をつまむようにして外側の四角は山に、内側の四角は谷に折り変える

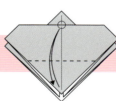

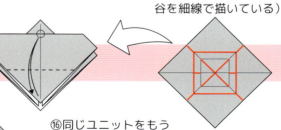

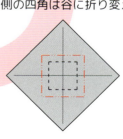

⑮裏返して、反対側も同じように折るとユニットができる　⑯同じユニットをもう一つ作って図のように組み合わせる　⑰写真のように形を整えて**できあがり！**

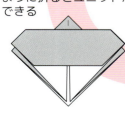

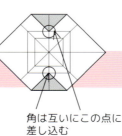

角は互いにこの点に差し込む

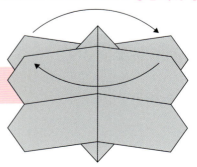

31

少しむずかしい折り紙
茶団子

◆推奨用紙：24cm×24cm、1枚を8等分

長方形一枚折りの茶団子です。丁寧に折り筋をつければ、かならず折れます。

①8等分して1枚を切り取る

②8等分に折り筋をつける

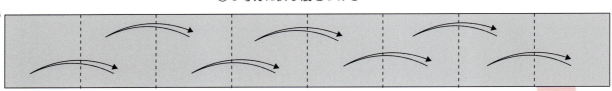

③3本の線は山に折り変え、左の2か所は折り線をつけるだけ、右の2か所は折ってしまう

山線に折り変える

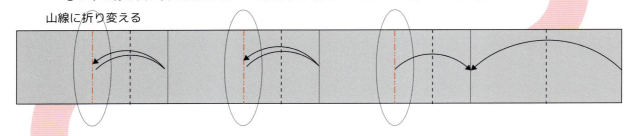

④線に合わせて、つまむように折る

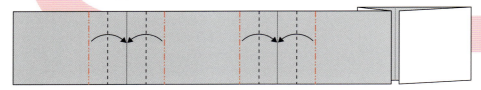

⑤上下に裏返す

⑥左端上下の角を4分の1程度三角に折る
　上下4つの三角の山線はいちど谷線に折ったほうが折りやすい
　右側は3分の1に（下の図のように）折りあげる

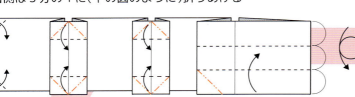
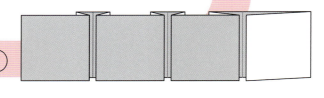

⑦上下8つの角を折る
　右側は上から3分の1に折り下げ
　右図のように、下の紙に差し込む

⑧右側の角も他と同じ程度に三角に折る

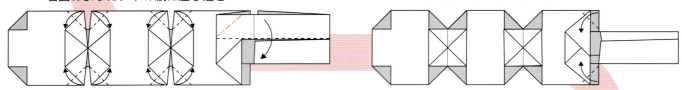

⑩宇治名物「茶団子」の**できあがり！**

⑨上下に裏返すと

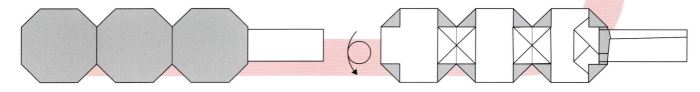